27
Ln 15240.

NOTICE

NÉCROLOGIQUE

NOTICE
NÉCROLOGIQUE

SUR

M. OCTAVE NOEL

ENSEIGNE DE VAISSEAU

TOULON
IMPRIMERIE HYACINTHE VINCENT, RUE NEUVE, 20

1862

NOTICE NÉCROLOGIQUE

SUR M. OCTAVE NOEL

ENSEIGNE DE VAISSEAU

La vive et pénible émotion que produisit, il y a quelque temps, la nouvelle de là mort de celui que nous pleurons aujourd'hui, témoigne, mieux que ne sauraient le faire les paroles les plus éloquentes, en faveur de notre ancien élève et précieux ami, M. Octave Noël.

Il est de ces créatures privilégiées qui, dès leur bas âge, éveillent partout des sympathies, parce que dès lors elles semblent annoncer que le ciel les fit pour la vertu, le succès et le bonheur.

Tel fut Octave Noël ; et si son éloge est sur toutes les lèvres, si d'autres rendraient un tribut d'admiration avec plus de talent à une existence si pure, si belle, si prématurément tranchée, on nous pardonnera d'obéir ici à un besoin du cœur, à un sentiment profond de douleur et de regrets.

Octave Noël naquit en 1841. A peine avait-il cinq ans, un sort rigoureux le priva des caresses d'une mère qui à une intelligence supérieure unissait une rare distinction. Le jeune orphelin fut alors confié aux soins délicats d'une institutrice dont l'esprit et le cœur étaient capables de suppléer ces conseils maternels qui dirigent l'enfance dans la voie de la raison et la préparent à de hautes destinées. Initié de bonne heure à de fortes études, il montra une maturité précoce, un caractère sérieux, mais empreint d'une exquise douceur. Ses progrès rapides couronnèrent bientôt son front de si brillantes espérances, que chacun pouvait aisément prévoir l'abondance des fruits par celle des fleurs d'un aussi heureux printemps.

La marine avait toujours captivé ses goûts : ni la difficulté des épreuves, ni le tableau émouvant des périls et des privations dont la vie de la mer est semée, rien ne le rebuta. Il fallut céder à une vocation aussi inébranlable. Pourquoi ne rappellerions-nous pas ces succès qui marquèrent ses premiers pas vers cette carrière et qui étonnèrent jusqu'à ses condisciples? Car Dieu frappe d'un signe si visible les âmes d'élite, que tous s'inclinent devant elles, même ceux qu'un mécompte ou la vanité disposeraient à écouter les suggestions de l'envie.

Octave Noël comptait à peine quinze ans lorsqu'il entra à l'école navale, où son application et son aptitude le signalèrent aux justes éloges de ses chefs. Mais hâtons-nous d'ajouter ce qu'on admirait le plus après tant de mérites : une piété que jamais rien ne vint altérer, en fut pour ainsi dire l'auréole. (*Voir la note n° 1, page* 14.)

Aussi, à terre comme à bord, dans les jours solennels consacrés par l'Eglise, notre jeune aspirant, assidu au pied des autels, avec ce recueillement qui touche l'indifférence et défie même la raillerie, y puisait la constance des plus admirables vertus. Simple, modeste, bienveillant, il se faisait généralement aimer. Sa charité était instinctive, comme sa bonté. Dès son enfance, il courait au-devant du pauvre, et son visage avait quelque chose de si doux, de si prévenant, qu'on devinait toute la beauté de son âme au charme dont il déguisait son bienfait.

Il y a trois ans, nous le revîmes encore, portant les aiguillettes d'aspirant. Si l'âge avait répandu sur toute sa personne l'éclat de la jeunesse, il n'avait changé ni l'élégante pureté de ses mœurs, ni la dignité de son caractère, ni la candeur de ses sentiments.

Comme si l'éternité le pressait de vivre, Octave Noël recherchait avec instance les hasards les plus périlleux de sa carrière de marin. Embarqué sur l'*Eylau,* il se sentit heureux de prendre part au blocus de Venise en 1859 ; mais c'était trop peu au gré de son ardeur, puisque les événements politiques condamnèrent notre marine au silence et à l'inaction.

Nous avons tous encore présent au souvenir ce frémissement qui courut dans tous les cœurs juvéniles au signal donné de porter à l'extrême Orient le nom de la France avec le respect de ses droits, et, au besoin, la terreur de ses armes. On s'élançait avec une fébrile exaltation dans ces horizons inconnus où l'imagination couvrait à chacun les dangers des combats, les mille accidents d'une longue et chanceuse campagne, sous les innombrables merveilles d'un pays inexploré. Qui n'a pas rêvé, à la fleur de son âge, un peu de gloire ? Qui ne s'est pas senti tourmenté par l'aiguillon de la curiosité pour des pays lointains ?

Octave Noël partagea ces rêves de jeunesse et sollicita l'honneur d'être envoyé en Chine ; aussi, à dix-huit ans, la frégate la *Renommée* l'emportait loin de l'Europe qu'il ne devait plus revoir ! A peine arrivé à Hong-Kong, il était embarqué sur l'aviso l'*Echo*, sur lequel il parcourut une partie des mers de Chine ; et si la faveur de visiter la capitale du Céleste-Empire lui fut refusée, il put cependant en approcher jusqu'à la grande ville de Tien-Tsing.

Après que la paix eut été signée à Péking, la frégate l'*Impératrice* transporta notre jeune aspirant dans l'empire d'Annam, où il eut bientôt l'occasion de déployer les ressources d'un sang-froid et d'une bravoure dignes d'un meilleur destin. Joint, par préférence, au peloton d'élite des *gabiers-abordeurs* pour l'assaut des lignes de Ki-Hoa, il courut un des premiers à la brèche où, se battant corps à corps avec les Annamites, il reçut quelques blessures, signes indélébiles de sa propre valeur et qui honorent autant, sinon plus encore, que ces distinctions accordées à tout mérite.

Peu de temps après, désigné par ses chefs au commandement d'une chaloupe canonnière, la *Soledad*, Octave Noël la conduisit à Mitho, et là, pendant dix mois, il prit la part la plus active aux périlleuses expéditions sur les bras du Cambodge qui coupent en tous sens ce pays plat et malsain. C'est à la suite d'un combat engagé sur le Rack-Goum que le grade d'enseigne vint récompenser l'intrépidité de notre vaillant officier.

Certes, en ce moment, après une longue absence, il eût été heureux de rapporter au sein de sa famille un mérite déjà apprécié et reconnu. Néanmoins, lorsque les aspirations de son cœur se reportaient vers son pays natal et son foyer paternel, dont il regrettait les charmes après tant de fatigues, il sut se résigner, sans se plaindre, à l'ordre qui le retenait encore sur un sol inhospitalier, près d'un ennemi toujours inquiétant. *Mais de quoi me plaindrais-je ?* écrivait-il, *n'ai-je pas obtenu tout ce qui peut me flatter le plus à mon âge, un grade au choix ?* ***

Cependant le corps ne mesure pas toujours la force de ses ressorts à l'énergie de l'esprit ; la Mort se joue des rêves de la jeunesse comme des lauriers de la victoire. Son souffle délétère eut bientôt atteint notre jeune et vaillant officier au retour d'une nouvelle expédition. Et lui qui n'avait pas encore abordé cette plage désolante de la vie où le flot de la déception dépose des plantes amères et creuse d'âpres sillons, a pu regretter quelque chose sur cette terre. Non pas qu'il enviât la douceur des récompenses qui l'attendaient, ou l'ivresse des plaisirs mondains, si féconds en dégoûts : la Foi et la Religion qui lui avaient souri à son berceau sont accourues à son chevet, où sa mourante voix les a fidèlement appelées. Mais à vingt ans, même au seuil de l'Eternité, le souvenir de tant d'objets aimés a dû faire battre son cœur pour la dernière fois...

Peut-être que ses yeux, comme ceux du prophète, se sont fatigués à force de monter au Seigneur. Mais quand Dieu refuse, qui osera s'élever contre lui? (*Ezéch.*) Il ne reste plus qu'à courber la tête, à s'offrir en holocauste : quand le sacrifice est complet, il arrache une larme au ciel même.

Aussi, triomphant de ses mortelles angoisses, Octave Noël rayonna d'un calme angélique ; ses lèvres, teintes de la suprême pâleur, firent entendre des paroles pleines d'une touchante résignation et de hauts enseignements pour ses amis consternés. (*Voir la note n° 2, page 14.*)

. . . .

Cher Octave, recevez, à travers l'espace infini qui nous sépare, cette page écrite avec nos pleurs, comme une faible marque de la vive affection que vous aviez su nous inspirer. Jamais perte ne déchira plus notre cœur.

Demeuré après vous, nous n'avons plus la joie de vous voir et de vous admirer; mais pour adoucir l'amertume de nos regrets, vous nous avez laissé la joie plus grande encore de vous proposer à tous ceux qui nous entourent, comme le modèle de toutes les vertus.

D. Rossi,

Professeur de littérature, etc.

*** Le récit que fait notre malheureux ami de sa première expédition dans l'arroyo du Rack-Goum, rendra plus sensible l'immensité de la perte que le corps de la marine vient de faire : tant son âme s'y révèle avec les qualités d'un parfait jugement et d'une rare modestie.

« L'expédition que nous faisons depuis plusieurs jours contre le fameux Fou-Kao a été pour moi le sujet d'un grand bonheur et m'a dédommagé de cinq mois de ce métier très-dur, en me fournissant enfin une occasion de tirer du canon. Permettez-moi d'entrer dans quelques détails, car je suis presque encore sous le poids de cette agréable émotion.

» Fou-Kao s'était retranché tout à fait dans le haut du Rack-Goum, à Touk-Nion et à Micoui, et les routes par terre étaient impraticables ; il fallut absolument que l'expédition remontât les dix mille de l'arroyo. Vous dire ce qu'il a fallu de travaux pour vaincre les obstacles accumulés et naviguer dans ce petit ruisseau, malgré les vingt-sept barrages qui l'obstruaient, est si difficile, que je ne l'essaierai pas. Les Annamites se sont efforcés de nous repousser et n'ont reculé que pied à pied. Ils ont enfin concentré leurs forces à un coude, derrière un de leurs principaux obstacles, et nous ont attendu à soixante mètres, distance à laquelle ils ont ouvert leur feu. La *Soledad* était depuis plus de six minutes à toucher le barrage ; on avait eu le temps de placer les amarres, de déposer les palans, et j'allais envoyer les travailleurs à l'ouvrage, ne m'attendant plus du tout à la moindre résistance, puisque rien n'avait bougé, lorsque tout à coup les brousses qui étaient devant nous, malgré leur aspect paisible, se sont couvertes de fumée et nous ont lancé une pluie de projectiles. Nous avons immédiatement riposté dans la chaloupe, en même temps que les troupes qui suivaient dans les jonques ont été lancées à terre ; un paquet de mitraille et deux obus de ma chère pièce de quinze ont produit tout l'effet désirable. Dès le premier coup, les Annamites ont compris que nous étions les plus forts, et ils se sont sauvés avec une telle agilité, qu'ils étaient à plus de huit cents mètres dans la plaine quand nos troupes sont arrivées au campement ennemi. »

En bien d'autres circonstances déjà, son jeune courage s'était signalé. Avons-nous besoin d'ajouter qu'à la croix de chevalier de l'ordre d'*Isabelle la Catholique* devait se joindre celle de la Légion d'Honneur ? M. l'amiral Charner en avait fait la proposition au ministre en faveur de notre brave officier, peu de mois après sa nomination au grade d'enseigne. La mort lui a ravi toutes les joies de ce monde.... jusqu'à la satisfaction d'avoir connu la récompense qui venait de lui être décernée par le Gouvernement espagnol, pour avoir vaillamment soutenu le nom de la *Soledad*.   D. R.

(Extrait du *Propagateur du Var*.)

NOTES

1.—Nous citons ici, à l'appui de nos paroles, un des nombreux témoignages que M. Octave Noël obtint à l'école navale, et qu'un fidèle souvenir nous a fait religieusement conserver :

« Conduite exemplaire, excellent enfant, ne méritant que des éloges ; intelligent et travailleur.

» Vaisseau le *Borda*, le 5 janvier 1858.

» *Le capitaine de vaisseau commandant l'école navale,*

» LACAPELLE. »

2. — M. de P..., officier de marine, mû par une touchante amitié et un noble cœur, a entouré notre ancien élève des soins les plus fraternels. Il a daigné aussi, avec une exquise courtoisie, nous transmettre les détails de ses derniers moments, détails qui prouvent que la mort de notre infortuné jeune homme a été digne de sa vie :

« ..... Dans son délire, écrit M. de P...., ses idées se portaient quelquefois sur sa chaloupe, ses coups de canon, ses expéditions en général ; mais le plus souvent il me parlait avec calme de Dieu et des douceurs de la vie céleste.. ..

« *Je suis perdu*, ajoutait-il avec un sang-froid que je ne puis me lasser d'admirer ; *je vais mourir : une maladie comme la mienne ne saurait faire grâce*..... Puis, il me donnait des conseils pour le jour où j'arriverai moi-même à mon heure dernière ; je ne les oublierai jamais . . . .

« Lorsque nous l'avons conduit à sa dernière demeure, avec les honneurs de son grade, termine M. de P...., notre excellent commandant, M. Desvaux, nous a retracé avec une visible émotion, les précieuses qualités et les mérites de notre malheureux camarade. Peu d'officiers, je crois, réunissent sur leur tombe d'aussi nombreux et d'aussi vifs regrets. »

www.ingramcontent.com/pod-product-compliance
Lightning Source LLC
Chambersburg PA
CBHW070436080426
42450CB00031B/2671